Luis gracias por tu apoyo. Ti disfrutés y compartas Xiomara esta guía.

Roxana Castillo
Diciembre 3, 2018.

EL PODER DE LA MUJER LATINA EN LOS NEGOCIOS

El Poder de la Mujer Latina en los negocios

Guía práctica para emprender con éxito en USA

ROXANA CASTILLO

Copyright © 2018 Roxana Castillo

Todos los derechos reservados.

Fotógrafo: Roberto Knapp
Estudio: La Casa Media (IG: @lacasamedia)
Diseño de Portada y Contraportada: Elizabeth Arteaga

Dedicatoria

A mi mamá, quien me enseñó a trabajar por mis metas, quien estuvo y sigue estando conmigo en los momentos importantes de mi vida. A ella, por tener siempre la disposición para apoyarme, la palabra sabia para alentarme y el gesto adecuado para calmarme. Por su amor incondicional y su ejemplo de constancia, perseverancia, fe, disciplina, método y trabajo honesto para la conquista de los sueños.

A mi papá, quien me transmitió el amor por las letras y el arte. Quien me enseñó a ver el lado positivo de las cosas y me dejó un legado intelectual a través de sus obras filosóficas.

A mis hermanas Maria Antonieta y Yajaira, líderes amorosas con propósito de vida. Mujeres incondicionales y victoriosas.

A las mujeres latinas extraordinarias que se atreven a romper las barreras de la raza, el idioma, las creencias limitantes y el peso de la historia que ha desestimado el poder femenino como creador de realidades de éxito.

A las emprendedoras que hoy rompen los paradigmas con sus empresas independientes y cambian los esquemas de una nueva economía.

A ti Mujer Latina USA que llegaste a este país a dar lo mejor de ti.

Índice

Acerca del Autor 1

Prefacio 7

Recomendaciones para las lectoras 12

Capitulo I. Llegué a Norteamérica y ahora qué 20

Capitulo II. Tu nueva existencia 32

Capitulo III. Cómo enfrentar los nuevos desafíos 43

Capitulo IV. Un nuevo comienzo 54

Capitulo V. Mujer espíritu empresarial 69

Capitulo VI. El dinero y las finanzas en mi emprendimiento 74

Capitulo VII. El poder de tu conexión contigo misma. 84

Capitulo VIII. Emprender con éxito en USA 88

Acerca del Autor

Roxana Castillo es una periodista y emprendedora venezolana, quien de ser empleada pasó a ser empresaria con su propio medio digital *Mujer Latina USA y Healthy 5 Group*, su compañía de creación y mercadeo de productos alimenticios saludables.

Con una amplia trayectoria en los medios audiovisuales en su país de origen, esta comunicadora y editora de su revista online, la cual está dedicada a la mujer hispana, ha diseñado una guía práctica y sencilla para empezar a pensar como empresaria y crear paso a paso un negocio independiente. Guía esta que la apoyó para crear su segunda empresa dedicada a la creación y comercialización de alimentos saludables, dada su experiencia como Gerente de Mercadeo de la empresa Healthy Route 66.

Nació en Caracas, donde tuvo una vida llena de oportunidades de estudio y formación universitaria. Se graduó en la Universidad Central de Venezuela, "la casa que vence las sombras" de Licenciada en Comunicación Social.

Inquieta desde siempre, dentro de su alma creadora, Roxana quiso expandir sus conocimientos por lo que ha realizado estudios relacionados con el desarrollo de nuevos negocios en Northeastern University en la ciudad de Boston, Joyería, otra de sus pasiones, en Miami Jewelry School y crecimiento personal y profesional en la Universidad de Santa Mónica en California.

También ha conocido al mundo, desde Bután, India, Nepal, Tailandia, Suráfrica, Australia, Nueva Zelanda, Siria, Egipto y otras tantas naciones, viajes estos que han nutrido su experiencia como mujer. El conocer de cerca otras culturas y sus creencias limitantes, todavía existentes sobre el género femenino y su libertad de emprender y crear como seres libres e independientes en este siglo, ha sido un gran aporte cultural e intelectual para la autora.

Cuando comenzó con Mujer Latina USA, su propio medio de comunicación digital, su firmeza y compromiso con su sueño era real, se sentía, se veía, se respiraba y a la vez se podía entrever que había algo más allá. Ella quería apoyar a otras mujeres mostrando ejemplos vivos y reales de superación, como el de todas aquellas valientes que se han atrevido y que siguen mostrando su valor como seres creativos, inteligentes, capaces de tener éxito en el mundo empresarial. Con historias donde se han roto los esquemas y paradigmas limitantes para nosotras. Desde el principio su proyecto fue concebido para tal fin. Luego, se abrieron otras puertas y fundó Healthy 5 Group, su nueva empresa de creación y comercialización de productos alimenticios saludables.

Era un sueño con sentido, con propósito de existir y que aportaría a la comunidad femenina hispana poder y valor. Este libro, el cual Roxana escribió pensando en todas aquellas que quieren empezar su propia empresa, tal como ella lo hizo un día, ha nacido de su alma comprometida con el bien común.

En su inquietud creadora siempre estuvo el deseo de tener su propio negocio y de ayudar a sus congéneres a también tener los suyos. Roxana cree firmemente en la igualdad de oportunidades y derechos, en el trabajo en equipo y en las alianzas.

Con el pasar del tiempo y como se desarrollaron los acontecimientos en Venezuela, tuvo la necesidad de emigrar y empezar en otras fronteras. Se estableció en los Estados Unidos y ese país hoy da fe de sus emprendimientos, el primero una plataforma digital dedicada a la mujer hispana que llega con un equipaje lleno de sueños y proyectos con la garantía que solo ofrecen sus talentos comprometidos para alcanzar el éxito; y el otro dedicado a la salud y a alcanzar una mejor calidad de vida a través de una buena alimentación.

Desde su experiencia, Roxana quiere aportar a sus lectoras las herramientas necesarias para comenzar un negocio y lograr la realización de una empresa independiente donde la autonomía financiera es posible.

Gracias hermana por tu amor y por tu aporte a todas nosotras las mujeres latinas y a la sociedad en general. Dios siga guiando tus pasos. Un orgullo inmenso y una bendición ser tu hermana mayor.

María Antonieta Castillo F.

Agradecimiento

Agradezco a Dios por darme tanto

Recomendación

Roxana Castillo es una mujer profesional, una triunfadora en todo lo que se propone. Este libro es una herramienta clave con la cual ahorrarás tiempo y obtendrás secretos importantísimos para emprender con éxito en los Estados Unidos. Altamente recomendado.

Alejandra Veder

Autora-Conferencista- Coach

Roxana Castillo es la representación de la mujer latina emprendedora que rompe esquemas y apoya desde su corazón a la comunidad hispana con su ejemplo y su trabajo constante por aportar a los demás. Este libro así lo demuestra con un contenido de mucho valor que guiará a las nuevas emprendedoras a construir sus empresas independientes. Conozco su trayectoria y su pasión por empoderar a otras mujeres y estoy seguro que las lectoras aprenderán y empezarán a construir las bases de su proyecto con esta guía práctica.

Humberto Terán

Fundador y CEO

Healthy Route 66 Corporation

ROXANA CASTILLO

Prefacio

Este libro lo empecé a organizar hace más de un año. En realidad estaba escrito entre muchos papeles que ya se estaban envejeciendo, entre notas de colores y cuadernos gastados de trabajo. Eran todas las escrituras que yo hacía para plasmar y organizar mi día a día como emprendedora independiente, las tareas por hacer, las ideas nuevas, todo estaba allí, hasta una que otra lágrima que a veces se escapaba cuando entraba en momentos de duda. Yo memorizo y aprendo más rápido cuando escribo a mano que cuando lo hago en la computadora. Siempre tuve la intención de pasarlos en limpio y organizarlos, hasta que ese día finalmente llegó.

Estaba a las puertas de empezar otro emprendimiento en una industria completamente fuera de mi experticia y necesitaba organizarme para mi "hijo varón", porque así veo mis proyectos, como hijos que nacen de mi amor y pasión por la vida y la conexión con mi ser. *Healthy 5 Group* nació de mi asociación con tres empresarios y amigos también, que coincidimos en una idea y en una visión.

Yo sabía que aquel método que seguí intuitivamente, basado en estudios y en experiencias anteriores, que más adelante les contaré, adaptado ahora a mi nueva realidad me iba a apoyar nuevamente. Lo refiné y comprobé que funcionaba. Entendí que necesitaba escribir este libro para apoyar a todas aquellas mujeres que podían estar en el mismo vértice en el que me encontraba yo.

En frente de mí había un nuevo reto, un compromiso, una ilusión y el gran deseo de convertirlo en otra realidad tangible y de éxito: *Healthy 5 Group*, una empresa de creación y comercialización de productos alimenticios saludables.

Hoy ya estamos en el mercado con un gran crecimiento exponencial. De allí quise compartir este sistema de trabajo que nace del compromiso con la pasión del ser y con la creación de realidades. Todo lo que nos proponemos con propósito le damos VIDA. Entendí entonces, que el sentido de mi ser iba más allá de hacer negocios exitosos, sino de compartir este sistema con otras soñadoras y emprendedoras para que también lograran lo propio.

No hay atajos en el camino empresarial, hay trabajo, disciplina, horas extras y compromiso total. Mi camino ha tenido sus momentos duros, de dudas, miedos, de silencio, de reflexión, de pausas; pero también de confianza, de alegría, de satisfacciones, de fuerza, de valentía, de fe y esperanza. En realidad es un carnaval de emociones donde algunos de esos manuscritos que a pesar de ya haberlos transcrito, todavía los guardo. Como les comenté anteriormente, algunos tienen la huella de la tinta diluída por una que otra laágrima que en aquel momento derramé tanto de tristeza como de FELICIDAD.

Los acontecimientos personales que me sucedieron cuando estaba naciendo "mi primogénita" *Mujer Latina USA*, me abrumaron en muchos aspectos. Los cambios en mi vida personal me afectaron emocional y económicamente. Estaba en una encrucijada donde debía tomar decisiones que sabía que me sacarían de mi zona de confort. Tuve el valor de salir de ella y gracias a Dios que Él me dio esa fuerza, porque si no hubiese sido así, no estuviera viviendo y disfrutando a plenitud mi aquí y ahora.

No me hubiese convertido en la empresaria que soy hoy en día, donde vivo la experiencia como creadora de nuevas realidades para mí y para mi entorno. Donde llego a otras personas a través de este libro, quien es mi "hijo menor", también a través de mi medio digital y mis productos.

El camino hacia cada uno de mis emprendimientos ha sido la mejor universidad, el mejor MBA. Hay que estar dispuesto a aprender, a ampliar el conocimiento y a expandir la conciencia para convertirse en una experta, en una maestra en el área donde quieras desarrollar tu negocio.

Recuerdo que mi mente no paraba, prestaba atención a todo, investigaba, leía muchísimo, asistía a conferencias y a seminarios, escribía ideas que llegaban a mi pensamiento, grababa notas de voz mientras manejaba, anotaba palabras claves que escuchaba y que sabía que tenían un gran valor para mis proyectos en general y para el contenido de este libro.

Buscaba los recursos como emprendedora para mantener mi inspiración y reafirmar que estaba en el camino correcto. Soñaba con este libro, literalmente, para compartir mi experiencia porque sabía que allí estaban ustedes, mujeres latinas emprendedoras, esperando por una guía práctica para empezar a darle forma a sus sueños.

Hoy mi pasión sigue intacta y con propósito. Sigo asistiendo a eventos donde pueda elevar mi nivel de conciencia empresarial y por supuesto como ser humano y mujer con una gran responsabilidad social.

De la manera vertiginosa como se desarrolló mi nueva realidad de vida en el campo profesional, empresarial y personal, en un lapso aproximado de tres años, la necesidad imperiosa de retomar la escritura y terminar este libro se hizo cada vez más fuerte. Ya no podía seguir dándole largas a este emprendimiento llamado *El Poder de la Mujer Latina en los Negocios: Guía práctica para emprender con éxito en U.S.A.* Mi experiencia está dada para ser compartida y apoyar a otras que al igual que yo buscan lograr sus sueños. El conocimiento y la experiencia es para compartirla con toda aquella persona que se sienta identificada con el proceso.

Más allá de los negocios, mi verdadero sentido de vida se traduce en el apoyo que puedo ofrecer a otras mujeres latinas, con el aporte de herramientas para crear un negocio individual exitoso, herramientas estas que he adquirido a través de mi práctica diaria como empresaria independiente. Quiero compartir mi método propio con ustedes en forma de guía práctica.

Recuerda que el éxito ya está en ti desde que comienzas a reconcerte como una mujer valiosa, llena de talentos y virtudes que puedes poner en práctica para desarrollarte primero como "ser" creativo e independiente a través de tu emprendimiento empresarial; y que ello trae como consecuencia poder aportar a tu familia bienestar y por ende también a la sociedad.

Mi propósito es sencillo y está alineado con la tendencia actual de los emprendimientos femeninos-latinos en este país. Contribuir con mi experiencia es para mí una bendición y una retribución como agradecimiento a Dios por darme tanto.

Este libro es para ti mujer valiente y emprendedora, para que alcances tus sueños a través de tu propio camino y que experimentes tu escuela de vida, desde tu nueva existencia como empresaria, libre financieramente, empoderada y feliz.

Aspiro a que todas mis lectoras descubran el "para qué" de su nuevo aquí y ahora empresarial al finalizar este libro y se conviertan en ejemplo para otras que están llegando desde otras latitudes y no han desempacado aún.

Para mí este transitar diario por el camino empresarial es un viaje lleno de valles, montañas, ríos y selvas que cruzo con mis fortalezas, debilidades, ventajas y desventajas. Recuerda Mujer Latina USA que somos una totalidad y como tal debemos vivir la oportunidad de esta experiencia.

Gracias por atreverte a cumplir tus metas y a darle vida a tus sueños.

Recomendaciones para las lectoras

Para comenzar este viaje que vamos a hacer juntas, quiero recomendarte primero que armonices tu pensamiento, energía, verbo y acción en "Modo Positivo" para que disfrutes de este maravilloso vuelo hacia tu emprendimiento.

Quiero darte tres recomendaciones previas antes de entrar en materia de emprendimiento, para que caminemos en la misma sintonía y seamos las mejores aliadas. Estoy aquí para apoyarte con ejercicios simples pero poderosos para que te enfoques y hagas tu proyecto una realidad mientras disfrutas el camino.

¿Empezamos?

Primera recomendación.

Enfócate en lo positivo y dale libertad a tu pasión

Empieza por eliminar el juicio hacia cualquier pensamiento o acción que se manifieste de manera genuina y maximiza la observación de lo más íntimo de tu ser donde reside la intuición y el valor de crear y hacer realidad tus sueños.

Date la libertad de dibujar una nueva vida, desde el deseo de tu alma, donde tu pasión será tu gran fortaleza y te mantendrá firme ante cualquier circunstancia adversa que pueda aparecer en el camino hacia tus metas.

Vive la pasión y recuerda <u>tomar las decisiones desde la razón, no desde la emoción</u>.

Quiero repetirte esto porque he visto mujeres muy apasionadas con una gran idea que no logran materializarla, porque se quedan en la pasión y no actúan con la razón y el discernimiento. Pasión y emoción alineadas con conciencia y razón. Cada una en su espacio y momento debidamente armonizadas a la hora de decidir las acciones que te llevarán a desarrollar tu empresa.

Finalizo este punto con este pensamiento propio: *"minimiza los miedos que de seguro vas a enfrentar desde la razón con la fuerza de la pasión, apoyada en acciones contundentes bien pensadas."*

Ahora bien, estás en un país que te abre las puertas y te ofrece la oportunidad de emprender. Esto merece un acto de agradecimiento que se manifiesta con la práctica de los talentos y experiencias que forman parte de tu mayor capital, tú misma. Escribe aquí tu nombre _____.

Ahora este libro lleva tu nombre y es tuyo. Utilízalo para poner en papel tu gran sueño a través de ejercicios simples y prácticos que te darán las primeras herramientas de cómo comenzar a pensar y a actuar en función de tu emprendimiento.

No perdamos tiempo y comienza en este mismo instante por alinear tu pensamiento, con tu sentimiento, acción y verbo. Intégrate como un ser total y reconócete desde el "ser" y no desde los múltiples roles que a diario practicas.

Conéctate con tus dones, con tus virtudes, con los talentos que ya conoces y busca encontrar algunos nuevos, que tal vez no se han manifestado porque no los has necesitado. Reconoce y agradece tu inteligencia y capacidad de creación para hacer realidad tu proyecto. Puedes capitalizar 100% tus experiencias, tus ventajas y desventajas, defectos y virtudes, días buenos y días malos, aciertos y desaciertos, habilidades y destrezas, si están dentro de un gran marco de actitud positiva. No eres perfecta y viniste a esta vida a aprender. Empieza a vibrar en positivo.

La habilidad de convertir tu experiencia de vida en tu mejor recurso para apoyar la edificación de tus logros, de tu independencia financiera, del éxito que mereces, de la gratificación, la felicidad y el aporte hacia los demás, está en ti. Tu actitud ante tu realidad diaria será tu aliada o tu enemiga. Desde ya quiero que concientices que ningún emprendimiento profesional, personal o empresarial es fácil. En el camino pueden suceder muchas cosas, sin embargo tu actitud ante la adversidad y tu percepción desde el punto de vista del aprendizaje te harán el momento más llevadero y podrás salir adelante.

En este libro, desde mi experiencia quiero apoyarte a que pienses y te enfoques en lo positivo ante una situación contraria y te mantengas firme y con determinación para lograr tus metas.

Piensa que cada acción tiene una reacción y si partes desde el amor, la fe, el compromiso, la disciplina y la confianza de que si vas a lograr lo que te has propuesto, la recompensa será grandiosa y ese anhelo por conquistar tus sueños será una realidad tangible.

Quiero que internalices primero y luego manifiestes que eres una mujer que tiene un gran valor como persona y que tu experiencia de vida, tu trayectoria y tu raza latina te hacen única. En este momento estás en una posición de crear un legado que inspire a otras. Eres una líder.

Segunda recomendación.

Expande tu conciencia

La expansión de tu consciencia se da desde el primer día que decides mudarte de tu país. No solamente vas a salir de tu tierra, del espacio donde naciste, creciste, y ganaste la mucha o poca experiencia de vida que hasta hoy tienes como aval, sino que vas a salir de tu zona de confort.

Hay una connotación cultural con las raíces, haciendo un paralelismo de la vida de un árbol o una planta y la vida humana; al igual que la frase sembrar para cosechar. La vida está llena de metáforas, símiles, comparaciones y figuras retóricas que tienen hilos invisibles que nos mueven por el mundo.

Dónde sembrar nuestra propia semilla de vida, cómo saber cual es el terreno fértil donde vamos a crecer y dar frutos. Esta tarea no es sencilla, porque sembramos para cosechar, para tener frutos de nuestro esfuerzo, sin embargo a veces no es así en nuestra propia tierra.

Es decir, Mujer Latina USA, tal vez el país donde naciste, no fue el abono más ideal para tu proyecto de vida y por ende no pudiste dar los mejores frutos de tus talentos y capacidades. No evolucionaste más. Llegó ese momento entonces que te movió hacia otras latitudes donde sentías que había esperanza de vida para tus sueños.

Imagínate un árbol con raíces largas y profundas en un terreno baldío, seco y empedrado. ¿Cómo lo ves?, ¿Cómo te lo imaginas? Tal vez lo ves con el tronco seco, las hojas sin verdor, sin frutos y ya hasta doblado o muerto.

Así pasa en tu vida cuando te apegas a quedarte enraizada en una tierra inerte donde el sistema no te apoya a seguir dando lo mejor de ti, que no te deja seguir mostrando y desarrollando tus virtudes a plenitud y más aún, donde no eres feliz.

Salir del país de origen y emprender en otro requiere de valor, determinación, fuerza, fe y AMOR en grande porque es la energía más poderosa. Salir de tu país es salir de tu zona de confort. No es tarde para hacer cambios que te lleven hacia tu plenitud. Muy pocas personas tienen el chance de salir de dónde están y comenzar una nueva vida con más oportunidades.

Ya estás aquí. Crea una nueva realidad, intégrate a tu comunidad y ábrete a conocer nuevos amigos de diferentes nacionalidades. No permitas que los prejuicios de otras personas y los propios estanquen tus deseos de conseguir y abrazar tus metas.

He escuchado muchas veces la frase siguiente: *"yo tenía una vida hecha."* Y yo te pregunto: ¿Qué es tener la vida hecha? ¿Haber echado raíces donde ahora no eres feliz y no estás exponenciando al máximo tus talentos? Tu vida es ahora. Déjame decirte que siempre que tengas la llama de la pasión viva y quieras crear tu realidad de éxito a nivel holístico, vas a estar a tiempo de mover tus raíces hacia cualquier tierra fértil. Eventualmente vas a capitalizar ese esfuerzo en emprendimientos exitosos que podrás compartir con quienes te quieren, aprecian y apoyan en tu crecimiento y evolución como una totalidad.

El empezar en este país, los Estados Unidos, o en cualquier otro, requiere de tu presencia consciente y enfoque para aprender de un sistema nuevo, diferente tal vez al que ya conoces y eso se mide en tiempo y espacio. Tal vez los demás te critiquen y piensen que olvidaste tus raíces. Yo estoy segura que no es así; simplemente estás viviendo tu momento. Estás dedicada a tu nueva realidad. Estás presente. Necesitas estarlo.

El agradecer siempre es importante, es una virtud, yo diría la madre de todas, aparte de ser una energía muy poderosa. Te invito, si nos has tenido tiempo de hacerlo, que te tomes unos segundos ahora y repitas conmigo: Gracias (escribe aquí el nombre de tu país) _____ por darme las experiencias que hoy me hacen estar en mi nuevo presente.

Eres lo que eres y estás donde estás porque ese país donde naciste te dio experiencias y herramientas para partir hacia otras latitudes y gozar de otras oportunidades. Lo que realmente importa en este punto es que ahora tienes en tus manos la posibilidad de crear una nueva realidad para ti y los tuyos.

Tercera recomendación.

Nuevo concepto de éxito

Etimológicamente la palabra éxito viene del Latin _Exitus_ que significa "salida" . Los ingleses la adoptaron como _Exit_ y en Castellano _Éxito_ se define como salida o fin de un proceso, tarea, examen o negocio de manera triunfante o con buenos resultados.

Culturalmente el éxito está definido por factores externos como el dinero, la fama, el reconocimiento, la belleza, los bienes materiales, y tantos otros. Sin embargo, desde mi aprendizaje te puedo decir que el éxito es mi día a día con pequeñas metas logradas. Hoy me siento exitosa, muy exitosa.

He aprendido a vivir un día a la vez y hacer una cosa a la vez. El éxito lo mido en tareas planteadas a diario que cumplo satisfactoriamente para lograr materializar mis sueños. Mis palabras no me dan el éxito, mis actos sí.

Recuerda esto y tómalo como tuyo: El éxito está en tus metas diarias que te propones y logras, a veces muchas de ellas en automático, porque ya son acciones que te has programado dentro de la fuerza de tu determinación para lograr tus objetivos, basados en tus valores y convicciones de lo que quieres hacer con ese sueño que espera por tu creatividad para convertirlo en una realidad palpable. No midas el éxito en dinero, éste es una consecuencia de tu trabajo, disciplina y constancia en tu emprendimiento. Llega, ten calma que llega.

Detente por un instante y recuerda todo lo hasta este momento hiciste dentro del rol que hoy ocupa tu espacio, sea como mamá, como hija, esposa, empleada, profesional. De seguro es bastante. Eres exitosa, cumples con tus tareas y metas diarias. Te felicito.

Entonces, una de las lecciones que te caería muy bien <u>desaprender</u> es que el éxito no lo vas a medir en metálico. Todo aquello que puedas obtener materialmente es una consecuencia de cómo manejaste tu emprendimiento para darte la oportunidad de invertir, ahorrar, disfrutar, ser feliz, darle educación a tus hijos, mejorar tu nivel y calidad de vida, tener una casa propia, un buen carro, viajar, aportar a tu comunidad y seguir creciendo en tu propio negocio.

Actúa de manera que todos los involucrados salgan beneficiados. Emprende con la conciencia de ganar- ganar. Ganas tú, gano yo, ganamos todos. El universo nos retribuye de la misma manera. Eso es éxito.

Y ya para llegar al primer capítulo quiero que recuerdes desde tu ser consciente de disfrutar, saborear, sentir, oler, observar y *VIVIR* a plenitud, todo lo que en este momento la vida te está dando como una nueva oportunidad.

Capítulo I.

Llegué a Norteamérica y ahora qué

Welcome to The United States of America. Eres una mujer valiente y valiosa. Tomaste una decisión que requiere de compromiso, enfoque, fe, perseverancia, determinación, humildad y paciencia. Mi respeto y mi acompañamiento.

En las páginas anteriores hice unas recomendaciones con respecto a tres puntos fundamentales que asaltaron mi mente y mi corazón en un momento determinado de mi experiencia de vida en este país. Me hicieron dudar acerca de la decisión que había tomado. Por eso te pedí que te enfocaras en lo positivo, que expandieras tu conciencia y que empezaras a manejar un nuevo concepto de éxito.

Cuando llegué, a pesar de mi decisión pensada y mudanza planificada por mucho tiempo, dudé.

Es normal que dudes y vuelvas la mirada a lo que dejaste y veas en frente de ti una página en blanco. Ahora bien, si lo ves desde una actitud positiva y agradecida pudieras decir algo así como *"tengo un papel en blanco para que yo escriba o dibuje lo que será mi nueva vida"*. Otros dirían por ejemplo, *"dejé lo que tenía por nada"*.

Es cuestión de percepción y actitud. Tu eliges como vas a ver esa página en blanco donde la única palabra escrita allí es *"incertidumbre"*.

Déjame decirte Mujer Latina USA, que "nada" no existe, siempre habrá algo que poner en papel. Puedes empezar cuando te des ese permiso. Hazlo ahora. ¡Atrévete!

Lo primero que posiblemente tengas que hacer desde tu poder, confianza en ti misma y en tu sueño, es enfrentar los miedos propios y ajenos. Para ello, debes estar atenta, conectada con tu pasión, con tu conciencia, con tus talentos y capacidades, con tu entorno y tu nueva realidad para lograr las metas que trajiste en tu equipaje cuando *"empacaste tu vida"* hacia otra nación.

Es muy común escuchar a personas hablar y exaltar el fracaso de otros o tal vez hasta los propios; las quiebras financieras, las pérdidas materiales, los desatinos y hasta la mala suerte. Son respetables, pero son las experiencias individuales de cada uno de ellos basadas en sus realidades y en cómo llevaron a cabo su plan. Esas historias no son tuyas, no te pertenecen. Todo lo contrario y muy lejos de esas experiencias, haz tuyas las de triunfo.

Instrúyete sobre liderazgo, negocios e inversiones, asiste a seminarios pagos o gratuitos que te ofrezcan información de valor para el desarrollo de tu emprendimiento y de una u otra forma filtra información. No tomes todo como la verdad absoluta, no te conectes con los fracasos de otros, hay muchas historias en el mercado del emprendimiento. Mejor escribe la tuya desde el amor por lo que haces, la fe y la disciplina para abrazar tus logros. Apóyate en las múltiples plataformas digitales que ofrecen herramientas gratuitas para manejar el miedo, el stress, la ansiedad y los cambios.

Escucha audiolibros o lee libros de empoderamiento, crecimiento personal y empresarial. La información sobra, está allí, no hay excusas.

Emprender requiere de mucha investigación, constancia, paciencia, Resiliencia y creatividad, entre tantas otras virtudes humanas. Busca apoyo y asesoría, invierte en ello, no solamente hablo de dinero, sino de tiempo, pensamiento y razonamiento. Reúnete con grupos de mujeres emprendedoras y asiste a sus encuentros y charlas. Los recursos existen, están allí. No te quedes enganchada en la historia triste de tu vecino, amigo o familiar y conviértete en una inspiración para ellos e impáctalos de manera positiva con tu ejemplo. Tal vez puedas apoyarlos en la transformación de sus vidas.

Mantén presente que tu construyes tu realidad con hechos, pensamientos y actitudes. Créeme que vas a sentirte empoderada y más conectada con tu proyecto cada vez que reconozcas la felicidad en tu camino hacia el logro de tus sueños.

Ahora bien, mi realidad de éxito está en mis manos en un 99 % y ese 1% se lo dejo al "destino". Yo soy muy realista y siempre he dejado dentro de la ecuación de mi emprendimiento "el fracaso", aunque estoy muy convencida que "*NO* hay fracaso, hay experiencia y oportunidad de crecimiento."

Dicho "fracaso" puede suceder por factores externos que yo no puedo controlar, como por ejemplo, una enfermedad o un huracán.

Estoy del lado positivo de mis proyectos y mi actitud me hace superar los tropiezos que ocurren. Sin embargo, la experiencia será la que determine el cómo ante tal situación.

Mujer, aprende a actuar con mesura ante los momentos adversos y también a parar cuando sea necesario. A veces no haciendo también se hace.

La Resiliencia...muy importante, ¿la conoces? La resumo de la siguiente manera: es la capacidad que tenemos los seres humanos de adaptarnos de manera positiva a las situaciones adversas que podemos enfrentar en el trayecto de la vida. Yo tengo mi concepto que nació de mi alma en momentos muy duros de mi vida y es el siguiente: *"Resiliencia, la capacidad de mantenernos fieles, sin alteración, ante nuestro propósito de vida que incluye la realización integral en todos los escenarios de la existencia."*

El mantener tu proyecto con significado, requiere de un compromiso real que conecta tu pasión con la acción constante para alcanzarlo y disfrutarlo.

Una de las primeras cosas que yo hice fue empezar a conocer bien mi entorno inmediato. Recuerdo que cuando me preguntaban sobre lo que estaba haciendo, yo me limitaba a contestar "organizándome" y esa fue la primera acción que tomé.

Organiza tu tiempo, tu espacio, tus ideas y calma tus emociones, pensamientos y acciones de manera armónica antes de empezar a recrear la oportunidad que el universo te está ofreciendo. Sosiega tu corazón. Emprende desde tu paz interior y no desde la desesperación del "tengo que" que es agotador y se convierte en un tirano.

Emprende desde tu plenitud y tu conexión real con tus talentos, desde el deseo de crear, ese que nos mueve las mariposas en el estómago.

Ábrete a la cultura que te recibe. Actúa como una niña curiosa que quiere aprender. Diviértete en el camino, intégrate a tu comunidad y participa activamente en ella. Recuerda que puedes transformar tus habilidades y convertir tu nuevo espacio en una oportunidad para innovar desde tu experiencia y aprendizaje. Toma iniciativas que empiecen a perfilar tu proyecto. El ser latina en este país lo debes tomar como una ventaja, eres diferente, piensas diferente y actúas diferente. Eso te hace única. Flexibilízate ante los cambios y abraza la incertidumbre de lo que está por venir. Vive el presente, saboréalo y hónralo con tu proactividad para dar lo mejor de ti.

Llegamos hasta aquí para exponenciar nuestros talentos y ser parte activa de la economía de este país. Concientiza que estás para aportar lo mejor de ti a través de tus ideas, emprendimientos y acciones que añaden valor a las demás personas. Empieza ya. No esperes por el momento perfecto, no existe y tal vez no llegue. Para mí, la perfección es aburrida, porque no hay nada más que hacer. En cambio el reto de la imperfección te hace ser creativa, innovadora, valiente y hasta atrevida.

Es normal que quieras accionar sobre la base de la experiencia profesional o laboral que traes de tu país de origen para empezar a producir dinero. Respetable totalmente.

Quiero en este momento aclarar que no todas las mujeres latinas que llegan a este país quieren emprender. Muchas son felices trabajando para terceros, sea para una empresa, restaurant, tienda, oficina o corporación y allí se sienten realizadas.

Otras sin embargo, como es mi caso, aunque no siempre fue así, queremos darnos una oportunidad diferente y nos arriesgamos a emprender un proyecto propio donde podamos brindar beneficios a otros a través de nuestros productos o servicios.

Te cuento un poco de mi historia. Cuando llegué a este país en este último viaje, regresé con mi mente cambiada, completamente contraria a mis intentos anteriores. Volví con la intención de empezar mi propio negocio. Regresé a emprender.

La primera vez que me mudé a este país, fue en el año 1993, recién egresada de la universidad. Vine a estudiar Inglés en la Universidad de Miami. Diez años más tarde, en el 2003, regresé pero a la ciudad de Boston a hacer un programa de negocios en Northeastern University. De allí, al año siguiente, mediados del 2004, me mudé a la ciudad de Los Ángeles con la intención de conseguir trabajo como periodista en una cadena de TV Hispana, todo esto después de haber hecho estudios de crecimiento personal y profesional en la Universidad de Santa Mónica y enamorarme de tan hermoso lugar.

No logré el empleo y en el año 2005 me instalé en la ciudad de Miami para seguir intentándolo. No pasó nada tampoco. En aquel entonces, a pesar de haber hecho un programa de negocios en Northeastern University en Boston, no pensaba en la posibilidad de crear y tener mi empresa. El ser empleada me daba seguridad, era lo conocido y hasta cómodo para mí.

Decidí regresar a mi zona de confort, a mi tierra natal, Venezuela, que todavía, para ese entonces, era tierra de oportunidades. Me reinserté en el campo periodístico sin mayor espera. Regresé nuevamente como presentadora de noticias y espacios informativos al canal de TV *Radio Caracas Televisión, RCTV,* mi segunda casa, mi escuela y mi gran experiencia profesional que hoy pongo en práctica diariamente en mi medio digital Mujer Latina USA.

Para ponerte en contexto, comencé a trabajar desde muy joven dentro de los medios de comunicación líderes en mi país de origen, tales como *Venezolana de Televisión, Radio Nacional de Venezuela, RCTV y FM Center*. Me acostumbré a estar bajo un paraguas empresarial que protege a sus empleados y les ofrece grandes beneficios.

Al pasar el tiempo de haber regresado a mi país, comenzó un nuevo capitulo en mi vida, un día quise empezar mi propio negocio en una zona muy linda de la capital llamada El Hatillo, eso sin dejar mi trabajo estable que me garantizaba una entrada fija de dinero.

Abrí una galería de arte llamada Kaponopok, mis primeros pasos como empresaria independiente. Recorrí la geografía venezolana buscando a nóveles artistas en la pintura y la escultura. Disfrutaba cada viaje, cada encuentro y lo hacía desde la pasión de una coleccionista, no de una empresaria. Error que en ese momento no admitía.

No investigué, no me preparé, no estudié el mercado, no innové y no estructuré un presupuesto de inversión inicial y utilicé mi capital personal. En pocas palabras emprendí desde la efervescencia de la emoción del momento y perdí dinero. No busqué hacer un negocio, busqué un escape.

Y tu te preguntarás en este momento ¿Qué pasó con tus estudios en Boston?, ¿en Santa Mónica? ¡Nada! No pasó nada, porque mi conciencia en aquel momento no era de empresaria.

¿Qué piensas que me pasó? Emprendí con el alma herida para llenar un vacío que me lastimaba en aquel entonces: la imposibilidad de ser madre biológica. Necesitaba distraer mi vida de alguna manera, más allá de mi profesión y espacio seguro, para intentar quitarme ese dolor.

Fue mi primer emprendimiento y lo mantuve por dos años. Cada día que pasaba se me hacía más cuesta arriba mantenerlo porque la economía de mi país estaba mermando y yo no me había planificado para aguantar esas adversidades, ni emocional ni monetariamente. No estaba conectada desde mi ser con mi emprendimiento. Me gustaba el concepto en general, pero no me apasionaba. Te repito, lo hice para disfrazar una pena.

Nunca hice un plan de negocio para Kaponopok y eventualmente tuve que cerrar sus puertas. Paralelamente siempre mantuve mi trabajo en RCTV y terminé por quedarme en mi zona de confort, empleada y protegida a nivel laboral por dicha empresa.

Para no ahondar tanto en la historia, terminé con mi casa llena de cuadros y esculturas. Hoy siguen decorando las paredes de mi hogar aquí en Miami. Las disfruto, son hermosas y hoy me puedo reír de ello. Agradezco mi primera experiencia como empresaria autónoma.

No todo fue pérdida. Mira todo lo que gané y hoy puedo compartirlo contigo:

1. Gané un gran aprendizaje en que el dolor no se tapa, se vive, se llora y se libera para que no se convierta en sufrimiento.
2. Entendí que la pasión es lo que realmente mueve la vida pero hay que armonizarla con la razón.

3. Enriquecí mi experiencia como emprendedora y asumí mi responsabilidad de haber decidido desde la emoción y no desde la razón.

4. Aprendí que la planificación, la entrega y la disciplina son los pilares fundamentales de todo emprendimiento.

5. Internalicé que para emprender hay que hacerlo desde el corazón, con esa pasión que quema y saca fuerzas de donde no las hay.

6. También, que debo apoyarme en mis talentos conocidos y experimentados y explorar nuevos sin prejuicios ni creencias limitantes.

7. Comprendí la importancia de ser resiliente ante cualquier opuesto para mantenerme firme con mi proyecto.

8. Valoré el dinero y la importancia de la estructuración de un presupuesto donde no se mezclen las finanzas personales con las de inversión.

9. Me hice consciente que realmente tengo que amar lo que hago y entregar lo mejor de mí para que las cosas sucedan a mi favor. Que la clave está en la organización y en el método.

10. Concienticé que el éxito no está en el futuro, sino en las pequeñas metas cumplidas satisfactoriamente día a día que me conducen hacia un gran final.

Después de esa etapa, seguí ejerciendo mi carrera como comunicadora social con éxito en Venezuela por unos años más, antes de cambiar el rumbo del "sentido de mi vida." Estaré siempre agradecida a *Radio Caracas Televisión* porque mantuvo sus puertas abiertas para mí y me dio la oportunidad de estar dentro del staff de sus talentos al aire cada vez que regresé a mi país.

Mis vivencias de aquellos momentos que fueron duros, hoy refuerzan mi aquí y ahora con mi emprendimiento Mujer Latina USA, las plataformas digitales donde independientemente ejerzo mi profesión como periodista, conductora y editora de mi propia página web y canal YouTube; y como Fundadora y Directora de Healthy 5 Group, creadora y comercializadora de productos de comida saludable.

Vamos a empezar a pensar como emprendedora. La práctica es lo que nos hace expertas.

Ejercicio # 1

Vamos a hacer un ejercicio exploratorio antes de cerrar este capítulo para que reconozcas tu historia. Ya te he contado la mía y quiero que te atrevas a contar la tuya desde tu intimidad. Recuerda, este libro lleva tu nombre.

1.a.- ¿Cuál es tu profesión u oficio?

_____

1.b.- ¿Enumera 4 características de tu profesión u oficio que te apasionan?

_____

_____

_____

_____

1.c.- ¿Cuáles son tus talentos innatos?

_____

_____

1.d.- ¿Cuáles talentos reconoces que tienes y no practicas a diario?

_____

_____

1.e.- ¿Eres feliz con tu aquí y ahora? ¿Sí? ¿No? Argumenta tu respuesta.

_____

_____

_____

_____

1.f.- Si pudieras hacer algo para ser (más) feliz, que a la vez te haga ser independiente financieramente y cumplir un sueño de realización personal ¿Qué harías?

_____

_____

_____
_____
_____
_____

¡Sé feliz!

Capítulo II.

Tu nueva existencia

Culturalmente los latinos, en especial las mujeres, somos afectas al "drama" y por historia y consciente colectivo no somos empresarias independientes, sino empleadas.

Hoy en día seguimos luchando en contra de una cultura machista que niega la posibilidad de éxito ante un emprendimiento femenino.

Lo importante ahora no es enfrascarnos en esa cultura limitante, sino que te atrevas a salir adelante con tu negocio, que logres tu libertad económica y la plenitud de cumplir tu sueño como empresaria.

Aprovecha este boom de emprendimiento femenino que es relativamente reciente y apóyate en este momento histórico. Aquí en los Estados Unidos, la nueva migración hispana está cambiando en términos de aspiración. Las mujeres somos las representantes de ese cambio de actitud y pensamiento hacia querer ser parte de la economía del país que nos acoge y aportar activamente nuestros talentos y capacidades para impactar positivamente el entorno y la economía.

La adaptación de la mujer latina y su familia a una nueva cultura, es holística, porque ahora se entrelazan los deseos de salir adelante, de surgir, de crear realidades de éxito a través de su crecimiento personal, empresarial y espiritual para insertarse de manera productiva a la nueva sociedad.

Por tal razón, es muy importante que tú Mujer Latina USA, como emprendedora cambies tus creencias limitantes hacia el éxito, los logros, la independencia financiera, el dinero y el rol de la mujer en la sociedad.

La historia está cambiando y hoy nosotras las mujeres estamos siendo las protagonistas de grandes emprendimientos a nivel mundial. No hablamos de negocios multimillonarios, no le pongamos ni tamaño ni cifra, lo importante aquí es que es tuyo y por lo tanto tiene mucho valor.

Este es el comienzo de la creación de una comunidad de mujeres que estamos abonando un camino de liderazgo y negocios individuales, para transitarlo con conciencia y presencia de lo que implica ser responsable de un cambio económico y social.

Se trata de construir en un país extraño pero generoso, una comunidad multirracial de mujeres emprendedoras. No me refiero a un gremio, sino a un grupo de féminas que realcen los verdaderos valores e intereses comunes de nuestra raza, con cultura de trabajo honesto, a través del empoderamiento de la mujer, con un gran propósito de apoyo hacia las que ya llegaron, están llegando y están por llegar. Donde tengamos la misma visión de crecer y ser empresarias de nuestra propia vida, de nuestro presente y futuro, donde impactemos de manera positiva a nuestra familia, amigos, comunidad y sociedad.

Las Latinas tenemos la capacidad y el deseo de integrarnos activamente en la centrifuga del desarrollo económico y los cambios sociales que ocurren por esa mezcla de culturas ya mencionada. Llegamos aquí con el deseo de una mejor calidad de vida y de ofrecer mejores oportunidades a las generaciones que vienen detrás.

Ha llegado el momento de entrar en la rueda y engranar nuestros talentos y creencias positivas enfocadas hacia el logro de ser y estar activas como líderes en nuestros pequeños círculos, creando grandes ondas expansivas de cambios para el bien común. Sin miedo, sin temor al idioma, sin complejos de razas, de color, de acento, llegamos con intuición femenina a este terreno fértil para sembrar la semilla de la libertad financiera a través del logro de tener un negocio como empresaria independiente.

Te quiero contar otra parte de mi historia desde mi nueva existencia. Cuando regresé en este último viaje, decidí empezar mi negocio y no buscar trabajo en ninguna cadena de TV Hispana. Me conecté con mis talentos experimentados y probados al máximo en medios audiovisuales, en la escritura, en la comunicación corporativa y publicidad y mercadeo.

Decidí crear un medio digital, algo completamente nuevo para mí. Vengo, como te comenté, de los medios tradicionales como radio y televisión. Todo lo digital era nuevo en aquel momento para mí. Ahora son mi día a día.

Desde Venezuela, y dada mi experiencia anterior en los Estados Unidos, empecé a darle forma a un negocio propio, no a un empleo y pensé en entrar al mundo digital, donde yo pudiera compartir experiencias propias y ajenas acerca de emprender y tener éxito en otro país, con un capital rico en conocimiento, experiencia y talento.

Desde mi casa en Caracas visualizaba mi regreso a Miami. Desde mi habitación lo planifiqué, lo estudié y le di forma.

Preparé un plan de acción de lo que serían los próximos meses para organizar mi partida.

Investigaba nombres de revistas, libros y websites hasta que un día de jugar con las palabras mujer, América, USA, emprendedora, latina, empresaria, el nombre <u>Mujer Latina USA</u> apareció. Soy una mujer latina emprendiendo y empezando de nuevo en USA, "*Soy Mujer Latina USA*" me repetía todo el tiempo.

Me repetía constantemente "voy a emprender desde la pasión y la conciencia de querer crear una nueva oportunidad para mí." Deseaba estructurar una nueva realidad profesional y empresarial de éxito, y desde allí nació mi primera empresa, mi medio de comunicación digital: Mujer Latina USA.

"*Soy Mujer Latina USA. Tu eres Mujer Latina USA.*"

Siempre pensé en la mujer como inspiración para mi proyecto independiente. Pensé en todas aquellas hispanas que han llegado a este país con un equipaje lleno de sueños más no de realidades, y lo que han hecho y sacrificado para salir adelante. Me aferré a la ola que empezaba a asomar la importancia de los latinos dentro de los emprendimientos independientes en este país.

Cuando llegué a los Estados Unidos parte de mi proyecto estaba avanzado, pero faltaba mucho por hacer y mi realidad fue otra. La competencia en medios digitales me asustó… pero <u>NO</u> me paralizó. Mi conocimiento en páginas web era incipiente y el mercadeo digital definitivamente era completamente nuevo y hasta abstracto para mí.

Me sinceré conmigo misma y me pregunté una vez más: "*¿qué quiero hacer por y para mí que me haga feliz, que me active mis dones y me genere dinero?*" Allí estaba la respuesta: <u>Mujer Latina USA</u>. No dudé más. Me preparé porque no quería improvisar, estaba fuera de mi zona de confort y la posibilidad de regresar a ella era cero. Tenía que empezar a enfrentar los nuevos desafíos que yo misma acepté desde el momento que decidí comenzar mi proyecto independiente, mi revista digital y canal YouTube dedicado a la mujer latina.

Debía prepararme y romper con mi propia estructura mental y avanzar. Esta vez la pasión estaba presente por encima de cualquier obstáculo, era mi gran aliada. Había una necesidad dentro de mí que me hacía vibrar de emoción cada vez que daba un paso hacia adelante para lograr mi emprendimiento. Ya no quería parar. Fueron días largos y noches completas generando y buscando contenido. A medida que me adentraba más en el mundo digital, más segura me sentía de estar haciendo lo quería.

La competencia ya no me asustaba y cada vez estaba más cerca de lo que había soñado, hasta que un día se materializó y aquí está mi web www.mujerlatinausa.com

Lo importante de esta historia es atreverse, recuerda que la práctica te hace experta y en eso me convertí. Es el valor de ser diferente y agregar un beneficio mutuo entre el producto o servicio y el consumidor final. Se trata de ganar-ganar.

En síntesis, tuve que estudiar, prepararme, hacer cursos de mercadeo digital, páginas web, asesorarme y planificar mi negocio. Nunca llega el momento perfecto para empezar, sin embargo, hay que planificar, organizar, estructurar y accionar. Mis talentos y experiencia fueron mi fortaleza, los utilicé y exponencié al máximo en un área desconocida para mí como los medios digitales, pero lo logré. Conquisté mi sueño, tú también puedes. No hay límites. Acciona esas ideas y conocimientos sin temor al fracaso y empieza a crear tu negocio ya.

Recuerda lo que comenté anteriormente, NO hay fracasos, hay experiencias de vida que se convierten en grandes oportunidades para CRECER.

Esta plataforma digital me conectó con muchísimos empresarios latinos, emprendedores independientes y visionarios. Esta bendición me llevó a explorar nuevos terrenos y nuevas oportunidades de negocios.

Llegó la idea que se convirtió en acción y hoy es una realidad, Healthy 5 Group. Empezar a aprender de nuevo, ahora en el área de alimentos, con muchas ganas y deseos de hacer este proyecto brillar.

¿Qué sabía yo de crear y comercializar alimentos saludables? No mucho. Siempre he sido consumidora de ellos porque me encanta cuidarme, pero de allí a esta historia, muy lejos de mi experiencia profesional.

Retos por todas partes, de eso se trata la vida. Nuevas oportunidades de crecimiento y acción. Aceptarlos con la visión de convertirlos en negocios productivos que generen ganancias y aporten o impacten a la sociedad de manera positiva y enriquecedora. Recuerda que el dinero va a llegar como consecuencia de tu trabajo constante y permanencia en la fe de que si lo vas a lograr, pero lo más importante es la recompensa de espíritu.

Ejercicio # 2

La práctica es divertidas y estás sola contigo misma, así lo hice yo. El silencio y la intimidad te ayudan.

Vamos desde lo sencillo a lo complejo. En el primer ejercicio te pedí que identificaras tus talentos que manifiestas a diario y los que sabes que tienes pero no los practicas con frecuencia.

2.a.- Desde tu honestidad y conectada realmente con tu pasión te invito a que en las siguientes líneas describas cuál es el negocio que quieres desarrollar en este país, sea un servicio o un producto. Tómate tu tiempo y escribe con detalles precisos qué lo hace diferente e innovador. Honra tu inspiración.

_____

_____

_____

_____

_____

_____

2.b.- ¿Cómo y cuáles talentos están comprometidos en tu nuevo emprendimiento? Mantén tu inspiración y ahora honra tu sueño.

_____

_____

_____

_____

_____

_____

_____

_____

_____

_____

_____

2.c.- Ponle un nombre (no tiene que ser el definitivo) Me encanta y me conecto más cuando llamo las cosas por su nombre propio. Le doy fuerza y poder. Vamos a ver si tienes un nombre en mente que en este momento te haga Click.

Nombre de tu producto o servicio:

_____

Llena de ánimo y fortaleza, en este momento te invito a que cierres los ojos y respires conscientemente y conectes con el amor y entusiasmo que sientes allí en el centro de tu corazón y creas firmemente en tu proyecto de vida, en tu proyecto empresarial, en tus sueños, y en tu nueva existencia. Vívelo.

Respira. Tómate tu tiempo.

2.d.- Describe brevemente lo que sentiste.

_____

_____

_____

Respira. Tómate tu tiempo.

Nómbralo, bendícelo, visualízalo, siéntelo, dale forma, ponle color, textura, olor, sabor y abrázalo. Es tuyo, te pertenece y lo vas a construir desde tu experiencia y sabiduría intuitiva con las herramientas que vas a encontrar en este viaje conmigo. Aplica los conocimientos que traes en tu equipaje de vida.

Respira. Tómate tu tiempo.

Ya estas aquí, no tengas miedo. Tu conoces tus capacidades, fortalezas y talentos. Estás clara con tu compromiso y responsabilidad de ser tu propia jefa, la dueña, la fundadora, la creadora de tu marca, sea personal, de un servicio o un producto. Ya saliste de la inercia de tu zona de confort. Quédate fuera de ella y disfruta tu nueva versión donde eres creadora de tu nueva realidad.

Quiero repetirte esto para que te sintonices cada vez más contigo misma y con tu reinvención ahora como mujer empresaria. La zona de confort te mantiene pasiva, estás en "modo sobrevivencia" y hasta improductiva. Allí no das lo mejor de ti, vives a medias y tal vez hasta tus talentos se estén perdiendo. En tu zona de confort no exploras tus posibilidades ni tus capacidades.

Lo que quiero que entiendas en este punto es que "YA SALISTE" no solo de tu país, sino al terreno de las posibilidades y estás en la nación que está exponenciando cada día más los emprendimientos individuales y latinos.

Te pido que te quedes fuera, aquí conmigo y con muchas otras para que muestres al máximo esos dones que están allí para impactar a todos los que te acompañamos de aquí en adelante. Permanece con nosotras y súmate a este grupo que cada día crece más. Ábrete a las oportunidades que están en todas partes esperando por aquella mujer que quiera innovar y empezar a transitar el camino del emprendimiento femenino. Goza la libertad de ser y estar en una nación que te acogió y que hoy es tu gran casa.

Insisto, el éxito no se va a medir en cuánto dinero ganas, sino en lo feliz y conectada que estás con tu verdadera esencia de ser creadora de una realidad que una vez fue un sueño. Tu nueva existencia es fuera de tu zona de confort, donde se maximizan tus pensamientos y tus ideas fluyen. Te aseguro que ante esa fuerza imponente de la creación de tu propio negocio no hay límites. La expansión de tu conciencia te da fortaleza y es allí cuando debes salir y hacer contacto con profesionales en el área de tu emprendimiento, hacer nuevas conexiones, asistir a seminarios y conferencias. Únete a grupos de trabajo y busca información. Llénate de conocimientos prácticos y actuales.

Aprende Inglés, sal hacia otras comunidades, busca oportunidades, haz cursos de mejoramiento profesional y personal, visita y conoce a tu competencia directa e indirecta. Investiga el mercado y prepárate lo más que puedas en el área de tu emprendimiento y conviértete en la mejor, no desde el sentido de la competencia, sino desde los más altos estándares como mujer emprendedora y virtuosa. Vive tu momento y abraza tu nueva realidad con amor, paciencia, aceptación, alegría y agradecimiento.

En mi caso en particular, investigar y escribir sobre nuevos emprendimientos, ofrecer herramientas, hacer entrevistas a empresarios latinos, mostrar sus historias de éxito, hacer mi show en YouTube, es mi aporte en información y motivación para las nuevas empresarias independientes. Ejercer el periodismo es mi pasión y contribuir es mi propósito de vida.

También, ejercer mi rol en Healthy 5 Group, como dueña y directora en el área de mercadeo me llena plenamente, y más aún cuando estoy contribuyendo con concientizar a las personas a tener una mejor calidad de vida a través de una alimentación saludable.

Ya estás aquí

¡Bienvenida!

Capitulo III.

Cómo enfrentar los nuevos desafíos

El emprender requiere de sacrificio y dedicación. La mayoría de la gente huye de lo que conlleva a tener un compromiso. Realmente, empezar a crear un negocio lleva tiempo, trabajo a tiempo completo, responsabilidad y permanencia.

Aquí es cuando debes empoderarte desde tu nueva conciencia para enfrentar esos desafíos que cada día llegarán a tu nueva existencia.

Hace algún tiempo ya, está muy de moda la palabra empoderarse, la cual se puede definir como la fe que tenemos en nuestros talentos, capacidades y acciones para liderar los cambios positivos hacia una mejor calidad de vida.

El empoderamiento femenino tiene un efecto multiplicador que comienza por ti misma y se transmite a la familia, a la comunidad y a la sociedad. Sin embargo, el desconocimiento del significado de tal concepto recrea un mal entendido que se manifiesta en la frase trillada *"mujeres al poder"*, la cual a veces es hasta un mal chiste.

Definición de una mujer empoderada

La mujer empoderada es la herramienta más útil que puede tener la sociedad, porque al integrarse los talento, actitudes, acciones, espíritu y pensamiento femenino hacia un bienestar común, se crea una energía que une fuerzas para alcanzar un objetivo especifico.

Los ejemplos están allí a la vuelta de la esquina, donde mujeres unidas por una causa logran levantar escuelas, centros recreacionales para su comunidad, canchas deportivas, núcleos de desarrollo de oficios para apoyar a otras mujeres. También recaudan grandes donaciones para combatir enfermedades y apoyar a tantas otras que involucren a niños, ancianos y animales, a nivel nacional como internacional.

La mujer empoderada lidera, crea, hace que se logre una meta, actúa en congruencia con lo que siente y piensa. No hay obstáculos, ni creencias culturales que detengan a una mujer determinada a lograr sus objetivos.

Ahora bien, ten presente que las creencias limitantes te pueden hacer una mala jugada y sientas miedo ante tal reto, porque temes perder el apoyo del hombre que está en tu vida, desde tu papá por ejemplo. Sin embargo, un hombre inteligente y seguro promueve dicho empoderamiento para crear un equipo en pareja, familiar o empresarial con más fortalezas.

La mujer es la que tiene el poder de guiar a la familia por un camino de valores y creencias de empatía, solidaridad, respeto, apoyo al prójimo, amistad, lazos de amor y cuidado del entorno. Es quien con su verbo logra manejar situaciones para buscar soluciones donde todos ganen. Es negociadora por naturaleza, conciliadora y busca la paz por encima de todo.

La mujer empoderada está "apoderada" de su ser y de su potencial en su totalidad, por lo que es indispensable para el desarrollo de la sociedad. A través de la experiencia, la sabiduría femenina gana terreno en las grandes decisiones que afectan al entorno, y cada día se conquistan más espacios.

No es necesario emprender para empoderarse, solo se necesita ser mujer y tener el despertar de conciencia de que somos grandes líderes dentro de nuestros círculos y que con pequeños cambios en zonas estratégicas podemos causar grandes impactos positivos. La inteligencia y la intuición femenina es un poder innato que hace que seamos líderes.

El estar empoderada no significa que seamos competencia de los hombres, ellos tienen su rol en la sociedad muy definido y necesario para que haya equilibrio. Lo que queremos hacer nosotras como emprendedoras es aportar desde nuestra esencia femenina nuevas ideas, productos y servicios a la humanidad para facilitar la vida y hacerla hasta más divertida.

Queremos contribuir con nuestro planeta, con nuestra sociedad inmediata y crear una onda positiva expansiva desde la energía femenina que representa la flexibilidad, la suavidad y el amor, para hacer valer aún más nuestro rol activo en nuestra comunidad como mujeres y como empresarias independientes.

Mujer Latina USA, tu eres esa mujer empoderada que todo emprendimiento necesita tener para empezar a crecer con determinación y fortaleza. Te acabo de describir y estoy segura que tienes mucho que aportar con tus acciones para fortalecer el empoderamiento femenino.

En este país vas a tener muchas herramientas para desarrollarte, su tecnología y su infraestructura te van a apoyar. Aquí te puedes organizar de manera efectiva y productiva. Aprovecha este clímax que el universo te está regalando. Ahora bien, esto no pasa de hoy para mañana. No pasa en un abrir y cerrar de ojos. No hay fórmulas mágicas. No hay atajos. Lo que hay es determinación y mucho trabajo.

Prepárate para enfrentar nuevos desafíos que requieren de tu empoderamiento integral. Debes tener la conciencia que cuando llegas a este país hasta tus hábitos laborales van a cambiar y más si eres tu propia jefa.

Nuevos desafíos

Primero: Disciplina y compromiso a largo tiempo. Empezar un proyecto grande o pequeño requiere de una elevación al cuadrado de: más disciplina, más compromiso, más entrega, más días largos, más largas jornadas de trabajo, menos descanso, más determinación, más fe y esperanza, menos fines de semana libres y más, más y mucho más.

Segundo: Manejo del tiempo. Muchas veces los emprendimientos individuales dan la falsa imagen de que eres dueña de tu tiempo y manejas tu agenda. Ajá...he allí el reto de saber que debes estrictamente manejar tu horario sin distraerte por tener la flexibilidad que eres empresaria independiente y no le debes explicaciones a nadie.

Te debes a ti misma el respeto de tu tiempo para crear y hacer crecer tu negocio. Recuerda que el tiempo de los demás también vale. Organiza tu día o tu semana para compartir con tus afectos, para ejercitarte y hacer alguna actividad que te saque del trabajo arduo para repotenciar tus energías. El manejo del tiempo es un gran desafío. Para mí lo sigue siendo.

Tercero: La familia. El respeto y el compromiso con tus relaciones familiares y sociales es un desafío cuando emprendes. Tu familia es lo más importante, es la riqueza más grande que puede tener un ser humano.

Cuando tomas la decisión de seguir la pasión de emprender tu negocio y tienes una familia de por medio, debes estar consciente del "extra" que vas a aportar para no romper la armonía de lo que ya está, llámese esposo, pareja e hijos o solamente hijos. Intégralos a tu proyecto, hazlos parte activa de tu crecimiento empresarial. Ponle tareas a cada uno de ellos para que te apoyen. Que se sientan parte de tu éxito diario. Son tus socios en el amor y en la comprensión de todo lo que estás haciendo para crear una realidad de éxito que una vez fue tu sueño.

Hoy ellos son tus aliados, tus cómplices, tus asesores, tus mejores críticos y mejores porristas cuando necesitas ánimo. El emprender teniendo una familia es un desafío mayor en las mujeres que en los hombres, hasta por razones culturales. No abandones a tu familia por tu emprendimiento.

Cuarto: Mantenerte presente con tu energía femenina. Una contienda común que vas a tener contigo misma es no dejar de ser mujer para emprender. ¿Cómo? Cuando te envuelves y enfocas en tu emprendimiento existe el riesgo de estar con la energía masculina exacerbada.

Analicemos juntas esto. Cuando las mujeres emprendemos un proyecto personal, profesional o comercial, necesitamos de una fuerza mayor de convicción ante nosotras mismas y ante nuestro entorno, por las creencias que todavía hoy se siguen teniendo con respecto a la debilidad femenina en los negocios y en el manejo del dinero.

Esto ha hecho que algunas, no todas, se aparten de lo femenino, no como género, sino como actitud, para ganar terreno dentro del competido mundo empresarial, liderado por los hombres.

No digo que sea este tu caso, pero yo estuve un tiempo con la energía masculina muy presente en mis actos lo que me llevó a sentirme cansada y agobiada.

Dada las creencias de la debilidad de las mujeres ante una sociedad masculina, dura, fuerte y necesaria en su momento para lograr lo que el mundo es hoy por hoy en cuanto a su desarrollo social, económico, tecnológico y científico, solamente se pudo destacar un porcentaje pequeño de mujeres. Hoy la historia las reconoce, pero en aquel entonces esas heroínas fueron vetadas por atreverse a pensar, a escribir, a hablar, a descubrir, a emprender y hasta romper con los cánones de la sociedad de esos tiempos.

De allí quedó una huella que ha hecho que las mujeres tengamos que extra esforzarnos para ser reconocidas como empresarias y profesionales exitosas. Hoy las mujeres lideramos en muchos campos y somos voces de aquellas que no tienen esa libertad. En este siglo todavía vemos en algunas culturas y religiones el maltrato y desprecio por nuestro género.

Ahora bien, el ser mujer significa amor, flexibilidad, cuidado, compromiso, sabiduría, equilibrio, instinto y unión, atributos que se han visto en ocasiones desdibujados por determinadas circunstancias para no vernos y sentirnos en desventaja ante los hombres.

Mujer Latina USA, está bien pedir ayuda, sentirse y ser vulnerable. Está bien que te des ese permiso para que no te conviertas entonces en un robot "macho" que hace y hace sin parar. Nuestra sociedad necesita de mujeres activas en el mundo empresarial sin perder la gracia femenina. Ser mujer empresaria es un compromiso que involucra un mayor esfuerzo para mantener un balance entre la ejecutiva emprendedora y la mujer en su esencia pura.

Quinto: El miedo a errar. Otro gran reto es la capacidad para manejar el miedo ante los errores. Está bien errar, no manejamos todos los conocimientos ni toda la información. Siéntelo pero no le des poder. Minimízalo con tus acciones, busca soluciones, planifica nuevas estrategias y trabaja más que antes para solventar el error que cometiste.

Seguramente te vas a equivocar, no una sino varias veces, lo importante es tu actitud positiva ante ello. Que el miedo no se imponga cuando eso suceda. Persevera, sigue adelante, no te detengas, recuerda que la constancia es la clave.

Que esos errores se conviertan en grandes maestros para ti y para todos aquellos que vienen detrás de ti. Tu puedes ser la mentora de otros emprendimientos dada tu experiencia. Convierte esos capítulos en finales felices de cada historia dentro de la enciclopedia de tu vida como mujer emprendedora, empresaria y ejecutiva. Sácale el más mínimo provecho a los errores como se lo sacas a las oportunidades.

Sexto: Procrastinar. No procrastinar para muchas es el mayor reto. Que los momentos que frustran y sacan una que otra lágrima por allí, no detengan el impulso, el amor y el compromiso contigo misma y con tu sueño. Que los tropiezos no sean excusas para renunciar. No abandones tu camino. No le sueltes la mano a tu proyecto de vida. Hay que tener una gran fortaleza y una gran determinación para alcanzar la meta que te trazaste. Aguanta y persevera.

Séptimo: El idioma. El no hablar el idioma local puede ser un obstáculo en tu área de emprendimiento. Puede ser una gran muralla por escalar. Estudia Inglés y si puedes hasta una tercera lengua. Mientras más te prepares mayores oportunidades. No te quedes en la zona de confort de tu lengua materna. Invierte en tu educación y preparación para ser una empresaria de alto nivel.

Octavo: El dinero. Maneja un presupuesto personal que no tenga nada que ver con tu capital de trabajo. No mezcles tus finanzas. Es un gran reto manejar tu dinero en dos vertientes diferentes. Tu capital personal es tu sustento mientras tu emprendimiento te genera ganancias. No gastes en cosas innecesarias. Controla tus impulsos y se comedida con el dinero. Cuando emprendes, debes tener un respaldo económico que te permita vivir sin tocar el dinero que está destinado para la inversión de tu negocio. Separa ambos presupuestos y sigue tu plan empresarial tal cual lo planificaste. Lleva tus contabilidades separadas.

Noveno: La paciencia. Ten paciencia contigo misma y con tu emprendimiento. Participa en grupos de apoyo a mujeres emprendedoras y escucha sus historias, vas a ver que les tomó tiempo lograr sus objetivos. Llénate de fe y calma, asiste a conferencias sobre oportunidades de negocios e internaliza que todo es un proceso que requiere de tiempo. La práctica de la paciencia, la cual es una virtud, te dará la oportunidad y la felicidad de ver los resultados de tu esfuerzo. Paciencia...paciencia.

Décimo: Pensar y actuar por ti misma. Mantente firme ante tu convicción que vas a lograr tu proyecto. Recuerda que tu eres tu mejor recurso. Actúa, dale forma a tus ideas y empodérate en tu emprendimiento. No desestimes sugerencias calificadas. Escucha y toma lo que te sirva, lo que te funcione. Tu emprendimiento eres tú. Firmeza y seguridad.

Ejercicio # 3

Aquí te invito a que escribas otros retos o desafíos que desde tu experiencia tengas que superar. Tal vez los tuyos son diferentes a los míos y a los de otras. Cada una de nosotras traemos diferentes historias de vida. Comienza diciendo: *Yo tengo que superar el desafío de .....* lo escribes y lo desarrollas para que lo hagas consciente.

1.-

_____

_____

2.-

_____

_____

3.-

4.-

5.-

6.-

7.-

8.-

9.-

10.-

_____

_____

¡Supéralos!

¡Estamos contigo!

Capítulo IV.

Un nuevo comienzo

El momento perfecto para empezar es ¡AHORA! Los conocimientos están allí, los talentos han dicho "presente", la pasión quema y el deseo también. Hay brillo en tus ojos, tu corazón late de emoción, estás creando una nueva vida llena de éxito y grandes retribuciones por tu esfuerzo. Visualízate.

Si partimos de cifras alentadoras que demuestran que en los últimos cinco años, aquí en los Estados Unidos, las mujeres hispanas y los milenios han sido los principales impulsores del crecimiento de los emprendimientos latinos, estamos en el camino correcto. En un 87% se ha incrementado el número de empresas cuyas fundadoras y operadoras son mujeres latinas. Tú puedes ser una de ellas e incrementar ese porcentaje. Tú puedes estar allí como empresaria e impactar de manera positiva tu economía personal y la de este país. Mujer Latina USA, ahora a empezar a armar el proyecto de negocio que hoy SÍ te atreves a desarrollar, rompiendo con toda limitación anterior. Desde tu despertar de conciencia en el mundo empresarial vamos a respirar juntas. Inhala y exhala. Repítelo tres veces más.

¿Lista?

Ejercicio # 4

En el ejercicio # 2 hablamos ya de tu emprendimiento y hasta le dimos un nombre, ahora vamos a dar el primer paso para organizarlo.

4.a.- ¿Tienes experiencia en esta área de negocio que quieres emprender? Si es *sí*, descríbela con ejemplos reales.

_____
_____
_____
_____
_____
_____
_____
_____
_____
_____
_____

Si es *no* tu respuesta, entonces crea una serie de eventos que describan tu emprendimiento y que se ajusten a la realidad y sean factibles. Recrea la experiencia. Explica también como vas a ganar esa experiencia.

_____
_____

4.b.- ¿Conoces tu Target? ¿Quiénes son tus clientes potenciales?

_____

_____

4.c.- ¿ Conoces a tu competencia directa e indirecta? Enumérala.

_____

_____

_____

_____

_____

_____

_____

_____

4.d- ¿Cuáles serían los primeros pasos para empezar a desarrollar tu negocio?

Te recomiendo que vivas primero la experiencia como consumidor o cliente de lo que quieres emprender. Tal vez digas en este momento *"es que no hay nada como lo que yo quiero ofrecer."* Seguramente hay algo parecido. Investiga el mercado. Te sorprenderás.

Entonces emprendedora latina, empieza con una frase como por ejemplo: *"lo primero que voy a hacer es comprar un producto "parecido" de mi competencia y lo voy a* *probar, para examinarlo en lo más profundo y **no copiarlo** sino hacerlo diferente y mejor."*

O también puedes escribir, *"voy a contratar un servicio como el que yo quiero desarrollar y ofrecer a mis clientes, para conocer como opera y ver qué puedo hacer yo diferente para añadirle más valor."* Allí te dejo ese dato.

Es investigar. estudiar. conocer v vivir la experiencia como cliente primero. Repito NO copiar.

Recuerda que tienes siempre la oportunidad de innovar y ser única.

Desarrollo pregunta 4d.-

_____
_____
_____
_____
_____
_____
_____
_____
_____
_____
_____
_____
_____

4.e- Después de la investigación anterior ¿Qué diferencia tu producto o servicio de los ya existentes en el mercado?

¿Por qué comprar tu producto o solicitar tu servicio?

Desarrolla este punto con detenimiento. Aquí nace la diferencia. Escribe todo lo que venga a tu mente con base en la experiencia que te recomendé que vivieras como cliente primero.

No desestimes ningún pensamiento o detalle.

Ahora quiero que te describas a ti misma con el conocimiento honesto, claro y preciso que tu emprendimiento es único y marca una diferencia dentro del mercado. Conéctate con tu propio ser creador. Es tu momento. ¡Vívelo! ¡Abrázalo! ¡Imprímelo en tu alma!

4.f.- ¿Qué te hace única como **mujer de negocios** dentro de tu emprendimiento?

_____
_____
_____
_____
_____
_____
_____
_____
_____
_____
_____
_____
_____

¡Eres única¡

Tu emprendimiento es innovador

Ya tienes definido y claro lo que quieres desarrollar como negocio, ahora vamos a organizar las tareas para empezar a ponerle costo o capital de trabajo a tu sueño, que con disciplina y compromiso, muy pronto será una realidad tangible.

Ejercicio # 5

Vamos a diseñar el comienzo estratégico de tu negocio.

5.a- ¿Qué necesitas para empezar? Maquinaria, instrumentos, herramientas, equipo humano, materiales de trabajo, materia prima, espacio, local, taller, el garaje de tu casa, empaques, etiquetas, escribe absolutamente todo. Enumera desde lo más pequeño hasta lo más grande. Tómate tu tiempo. Aquí está la gran foto de tu negocio.

_____

_____

_____

_____

_____

_____

_____

_____

_____

_____

_____

_____

_____
_____
_____
_____
_____
_____
_____
_____
_____
_____
_____
_____
_____
_____

Relájate ahora un poco, escucha la música que te gusta, hidrátate. Recuerda que este trabajo es contigo misma y con tu emprendimiento. Es tu tiempo y espacio.

¡ Relájate!
Disfruta tu viaje

Ejercicio # 6

Vamos ahora a redefinir nuestro emprendimiento en una frase poderosa que podamos repetir con facilidad y que esté conectada con nuestro verdadero espíritu creador.
Escribe a la derecha la primera palabra que venga a tu pensamiento.

Por ejemplo:

<u>Estados Unidos</u>   *<u>Oportunidades</u>*

Dios

Mujer

Latina

Familia

Crear

Innovar

Producto

Servicio

Líder

Pasión

Emprender

Poder

Planificación

Estrategia

Tiempo

Femenino

Energía

Amor

Independencia

Fuerza

Compromiso

Respeto

Éxito

Empresa

Dinero

Aliados

Finanzas

Ahora, escribe una frase que contenga 5 palabras tuyas, las que salieron de tu alma conectada, que definan tu emprendimiento. Empieza con: *"Mi emprendimiento..."*

Te ayudo un poco. Yo escribí las siguientes palabras desde mi conexión.

Dios	*Despertar de conciencia*
Pasión	*Ser*
Poder	*Talentos*
Crear	*Emprender*
Mujer	*Empresaria*

Mi frase:

"Mi emprendimiento es el resultado del encuentro de mi ser con el deseo de descubrir el sentido de mis talentos en mi nuevo despertar de conciencia como empresaria"

Ahora escribe la tuya:

_____
_____
_____
_____
_____
_____
_____
_____
_____

¡Hermosa!

Felicitaciones

Capítulo V.

Mujer espíritu empresarial

Te he dicho tal vez, pero de diferentes maneras lo mismo, para hacerte conectar con lo que realmente quieres hacer como mujer de negocios en los Estados Unidos, o donde te encuentres, desde la conciencia que tienes que trabajar mucho para alcanzar la gran meta. No le tengas miedo al "mucho", el trabajo te honra y exalta tus talentos. Eres una mujer afortunada.

Tener un negocio exitoso, el ser una mujer empresaria y alcanzar el empoderamiento de tu ser, todo junto no se logra en un día. Toma tiempo, dedicación y esfuerzo; hay que romper con las barreras culturales, sociales, creencias limitantes y estructuras bloqueadoras propias y ajenas. También con los prejuicios que te encadenan a <u>no ser</u>.

Empieza por el reconocimiento de tu individualidad, estilo, ritmo y liderazgo. Créete capaz, exalta tus fortalezas, convierte tu experiencia de vida en tu mejor aliada, suma tus destrezas, habilidades y carisma. Influye positivamente sobre los que te acompañan en este nuevo camino y agradece su tiempo.

El emprender desde el deseo de contribuir con los demás, con tu entorno inmediato, con tu familia y tu comunidad, definitivamente te hace diferente. <u>Tu emprendimiento es más poderoso cuando beneficia a otros, al país que te alberga y al país que dejaste. No lo olvides.</u>

Mantén en tu presente la gratificación espiritual que llega a tu vida cuando aportas a los demás, cuando generas empleo y algunas familias crecen gracias a que tú les das trabajo a sus miembros. Son ilimitados los beneficios que puedes generar en diferentes aspectos.

Cuando transitas en éxito, recuerda que éste está representado en tu día a día con pequeños logros, ya puedes empezar a hacer aportes a fundaciones, asociaciones o movimientos que trabajen en función de un mejor planeta, la salud, la alimentación, los niños, los derechos de la mujer, los nuevos emprendimientos, los animales, el medio ambiente y tantas otras. Hay muchas necesidades en el mundo, en tu país de origen tal vez, con tu aporte puedes lograr hacer una gran diferencia. Vale la pena esforzarse y apoyar a quienes están en situación de desventaja.

Tu empresa es y será parte de tu gratificación como ser conectado con la responsabilidad social de tu entorno y hasta del mundo. Piensa en grande, ama en grande, triunfa en grande y aporta en grande.

Las mujeres latinas tenemos un espíritu alegre, colaborador, nos identificamos fácilmente con nobles causas. Somos colores vivos y brillantes. También somos música, sonrisas, y manos extendidas para ayudar. Abraza la cultura donde vives sin olvidar tus raíces. Mantenlas presente.

Mujer Latina USA, empresaria, latina, amiga mía, estás abriendo la puerta de una nueva dimensión en tu vida. En este momento existe la posibilidad real de hacer tangible tu proyecto.

Descansemos un poco. Llénate de calma y buena energía. Soñemos despiertas para liberar endorfinas y disfrutar la sensación de alegría y bienestar que éstas generan. Vamos a crear en nuestra mente y en nuestro corazón ese negocio que acabas de describir desde tu consciente-presente con todas las posibilidades de logro, reconocimiento, dinero, independencia financiera, felicidad, calidad de vida, éxito, celebraciones, aporte a los demás y crecimiento holístico. Agrega lo que quieras a tu sueño y siéntete plena. Te invito a escuchar una música relajante en este momento. Tómate tu tiempo.

¡Sueña!

Ejercicio # 7

Mantente allí en esa última emoción que te invadió. Abrázala y escribe lo que viste de tu negocio, los pensamientos que llegaron a tu mente, las palabras que se asomaron, los colores, los olores, los lugares, las personas que aparecieron.

Escribe todo lo que en ese tiempo que te regalaste sucedió en tu pensamiento y en tu corazón. Has escuchado alguna vez la frase "tengo lo que soñé" o "es tal cual como lo visualicé". Te toca a ti decirlo ahora. Escríbelo.

_____
_____
_____
_____
_____
_____
_____
_____
_____
_____
_____
_____
_____
_____
_____

Capítulo VI.

Nuevas Conexiones, nuevas oportunidades

El dinero y las finanzas en mi emprendimiento

En este viaje hemos abierto nuestros corazones. Confieso que los números no son mi fuerte, que me ha costado el manejo de mis finanzas personales y empresariales.

Todo emprendimiento implica un riesgo. No se trata de cientos, miles o millones, es tu dinero y a ti te duele. Hay que prepararse para minimizar al máximo las probabilidades de fracaso.

Como les conté anteriormente, mi primer emprendimiento como galerista me trajo pérdida de dinero pero ganancia en experiencia. Me sentí muy mal conmigo misma, porque la consecuencia fue mi responsabilidad. No emprendí para triunfar, lo hice para escapar de una situación que me causaba dolor.

Dicho aprendizaje hoy ha sido una de mis más grandes herramientas ante el manejo de mis emociones, acciones y finanzas. El empezar de nuevo me ha hecho consciente que aquella pérdida que se transformó en ganancia, como lo comenté en páginas anteriores de este manuscrito, hoy es mi gran aliada. Tengo todas las oportunidades que yo quiero y puedo darme hoy.

Conociendo íntimamente mi debilidad, ahora tu también la conoces, es nuestro secreto, la contrarresté con mi fortaleza de buscar información, asesoría y aprender rápido sobre como planificar financieramente mi negocio.

Te invito a que explores tus debilidades ante el dinero y la planificación financiera y te apoyes en tus fortalezas para minimizarlas. Busca ayuda si lo consideras necesario. Más adelante haremos unos ejercicios.

Ahora bien, reconozco que no soy una experta, pero si me ha ayudado muchísimo el aprender a manejar mis presupuestos personales y empresariales por separado. Aprende tu también a hacerlo.

Lo importante en la práctica es que estés clara con tus costos de inversión y proyectes mínimo una protección financiera por los próximos 12 meses donde no esperes obtener dinero sino cubrir con los gastos de mantenimiento de tu empresa. Proyecta también tus finanzas personales en los tiempos de inversión.

No esperes a vivir o a tener ganancias desde el primer mes. Que bendición si así sucediera. Te repito, no existen fórmulas mágicas para alcanzar el éxito integral, no esperes ganancias inmediatas y organiza tus presupuesto con cabeza fría. Lo que te va a apoyar a cumplir tu sueño con grandes gratificaciones, incluyendo la económica, es el compromiso, el método, las estrategias, la planificación, la clara organización, tu ética y la gran pasión que le imprimas.

Hoy por hoy, está muy de moda los negocios y emprendimientos desde casa y la liberación de ser empleado de una gran empresa. Pero existe la confusión que si trabajas desde tu hogar no hay mayores costos de inversión que calcular en cuanto a local o espacio se refiere. Va a ser tal vez una ventaja porque puedes bajar costos, más no obviarlos. Igual debes incluir en un porcentaje los gastos de electricidad, agua, y todo lo que tu casa consume en servicios.

Desde tu garaje es cuando más organizada con tu presupuesto debes estar para no confundir las finanzas personales con las del hogar y a la vez con las de tu emprendimiento. En este caso no son 2 presupuestos sino 3. Atenta con esto porque puedes tener un escape de dinero. Aquí te recuerdo también sobre la importancia de manejar bien el tiempo, la comodidad de tu casa te puede confundir y distraer el reloj. Tiempo es dinero.

Miami es una de las ciudades con alto porcentaje en los emprendimientos femeninos dentro de los Estados Unidos y ha creado un ecosistema de "Startups" que cada día se hace notar más. California y Texas lideran, seguidos por el estado de la Florida y de quinto está Illinois. Este gran movimiento que se siente y se ve, tiene una marca de compromiso y método para poder alcanzar el éxito.

Así como podemos notar que hay emprendedoras que lo logran, también hay otras que no. Existen diversos factores que pueden influir en ello, hay sucesos que no se pueden precisar o controlar y que ocurren de manera inesperada, como los llamados imponderables.

Otras razones pueden ser el estar en el proyecto equivocado, no manejar las adversidades con buena actitud, desconocer el mercado donde se emprende, hacerlo por moda o por hacer algo, miedo a fracasar, inflexibilidad, entre tantas otras. Sin embargo, la falta de una planificación económica o presupuesto es la causa mayor que conduce a los fracasos independientes.

Muchos libros en la actualidad sirven como guía para empezar un negocio personal, también hay talleres para nuevos empresarios, seminarios, asesores y otras tantas herramientas que apoyan el desarrollo de los nuevos líderes empresariales.

Aquí vamos a hacer un ejercicio para minimizar tus riesgos, pero primero vamos a hacer "check" en esta lista sencilla para un resumen de lo que hasta ahora hemos trabajado para después pasar a los números.

- Conéctate con lo que te apasiona, no con lo que quieres. La pasión viene del alma y nada la desvía, siempre te fortalece y perdura en el tiempo. El querer hacer, puede ser un simple impulso, un momento, una moda y corres el riesgo de que ocurra algo que te decepcione y te haga abandonar.

- La conexión con tu emprendimiento debe ser real, desde lo más profundo de tu ser, para poder recibir con buena actitud los retos diarios que trae consigo el empezar un proyecto. No desmayes ni un momento para seguir hacia adelante.

- Abraza el miedo que puedes sentir al comenzar a plasmar en papel tu sueño y quítale poder, minimízalo ante tu convicción y compromiso de llevar a feliz término tu meta.

- Ten presente que el éxito lo tienes y lo conquistas desde el momento que de manera determinada decides comenzar a trabajar comprometida con tu empresa, sea del tamaño que sea. El éxito es diario en todo lo que cumples como meta inmediata. Tan simple como lo que pones en "cosas por hacer" y lo haces.

- Mantén siempre presente, que hay sacrificios que se miden en tiempo, espacio, aprendizaje, experiencia, trasnochos, menos días libres, pocas vacaciones, mucho ahorro y más.

- Practica la paciencia contigo y con los que te rodean.

- No abandones a tu familia y seres queridos por tu sueño, todo lo contrario, involúcralos y conviértelos en parte de tu team . Conviértelos en tus socios de experiencia de vida.

- Disfruta de cada momento y ríete de ti misma si te equivocas.

- El empezar en el rol de empresaria independiente tiene sus subidas y bajadas y lo mejor es mantener una buena actitud ante los momentos adversos, que de seguro se van a presentar. Depender de ti salir de ellos airosa o no.

- No dudes ni un instante de ti, de lo que te dice tu corazón, de lo que sientes en tus entrañas. Hazle caso a tu intuición.

- Confía en tus talentos, por algo estás en esta etapa de tu emprendimiento.

- Reúnete con personas que están sintonizadas contigo en energía y actitud positiva. Únete a grupos de emprendedoras como tú y comparte tus inquietudes. De seguro alguna de ellas está pasando por algo similar o ya pasó por allí y te puede dar un tip que te ayude.

- Lleva una agenda de trabajo y cúmplela a cabalidad.

- Lleva un cuaderno de contabilidad para tu presupuesto, tus gastos y tu dinero para retroalimentar tu negocio y crecer. Esto es completamente aparte de los servicios de un contador profesional. Esto es para tu control.

- No uses tu capital personal para hacer tu proyecto, usa tu capital de inversión.

- Asesórate con profesionales en las áreas donde te sientas en desventaja. Está bien que no manejes toda la información que se necesita para llevar a cabo un emprendimiento.

- No hay emprendimiento pequeño, es tuyo, tu lo creaste y vale mucho. Es gigante.

- No hagas caso a quien te diga "no se puede".

- Agradece día a día esta gran oportunidad de empezar tu camino como empresaria independiente y poder labrar poco a poco tu libertad financiera.

- No le temas al trabajo ni al esfuerzo.

- Firmeza, suavidad, amor, pasión, alegría y serenidad. Todo va a estar bien.

Ejercicio # 8

En el Ejercicio # 5, hicimos una lista de lo que vas a necesitar para empezar tu negocio. Ahora vamos a hacer el presupuesto y poner valor a lo que escribiste allí.

Vamos poco a poco. Partiendo de la base que ya estás más que clara en tu producto o servicio, que investigaste, buscaste información, conoces y probaste tu competencia, conoces tu mercado y eres INNOVADORA, comencemos.

Toma esa lista y ponle precio a cada ítem que enumeraste. Desde lo más simple hasta lo más complejo. Puedes investigar precios por Internet, buscar proveedores al mayor, preguntar y pedir hasta 3 presupuestos diferentes por correo electrónico o por teléfono. Pedir muestras si es necesario. Tómate tu tiempo y espacio. Este ejercicio te puede llevar días. Es muy importante esta etapa para poder comenzar tu negocio. Es la realidad. Es dinero.

_____

_____

_____

_____

_____

_____

_____

_____

_____

_____

Añade a tu lista lo que necesites de la que te muestro a continuación y también agrégale precio.

$$$

- Nombre de la empresa: Registro del nombre
- Cuenta Bancaria a nombre de la empresa.
- Diseño Logo. Imagen y manual de uso
- Website
- Redes Sociales
- Manual de operaciones
- Espacio (casa, garaje, local, oficina, tienda)
- Materia prima
- Material de trabajo
- Equipos
- Herramientas
- Decoración o diseño
- Mercancía
- Personal o empleados
- Vehículo o transporte
- Empaque
- Costos de producción
- Permisos
- Contabilidad
- Seguro
- Abogados
- Otros honorarios profesionales

Mercadeo y Publicidad

¿Sabías que el 80% del éxito de tu negocio es la inversión que hagas en mercadeo y publicidad? Puedes contratar si tu presupuesto te lo permite, una agencia o profesionales especializados para que lleven esta área de tu emprendimiento, la cual es de suma importancia.

Debes tener un presupuesto aparte, oneroso, que permita publicitarte al máximo cuando estás empezando para atraer clientela, hacer marca, darte a conocer y posicionarte en el mercado. Lo contrario es un error.

Inversión en Mercadeo y Publicidad: Monto $ _____

Una vez terminado este ejercicio, vas a tener una cifra que tal vez no represente el monto final de tu inversión, pero si vas a tener más claro cuál puede ser tu capital de trabajo para empezar tu propio negocio.

Durante el proceso van a surgir otros gastos y tal vez tu nueva realidad tenga mucho por conocer, pero es allí donde está el gozo y el gran aprendizaje que te estás permitiendo a través de tu nueva existencia.

¡Respira!
Todo va a estar bien

Capítulo VII.

El poder de tu conexión contigo misma.

Me reinventé dentro de mis talentos como comunicadora en un medio digital creado por mí. Allí estuvo el reto, la creatividad, la esperanza, la adrenalina y el deseo que quemaba mi alma para insertarme en la fuerza que mueve el crecimiento económico y social de mi entorno.

Me apasioné, estudié, investigué, pero lo más importante de todo ese proceso, es que entendí que debía mejorar muchas cosas de mi personalidad, de mis creencias limitantes, de mis miedos propios y ajenos que asumí como propios y de mi desenvolvimiento como mujer independiente, como individualidad y como nueva empresaria.

No fue fácil, de hecho tuve resistencia al cambio y me asaltaron dudas y miedos. ¿Qué hacía en ese momento de "susto"? Llamaba a mis "cheerleaders" y entre porra y porra me animaban y seguía hacia adelante.

Es normal. Está bien que todo eso suceda, pero no le des poder, ni dejes que crezca y se quede en tu vida. Detenlo, agradécele y dile adiós.

En aquel entonces, reconocí que era necesario , si quería crecer de manera integral, desaprender muchas cosas que antes me detenían, me paralizaban y me provocaban frustración. Era hora de vaciar el disco duro de mis pensamientos y llenarlo con nuevos conocimientos positivos que me hicieran ser una mejor persona y pudiera contribuir con mis seres queridos, con ustedes y con la humanidad. También, debía purgar mis emociones y perdonar. Me di cuenta que las deudas emocionales y espirituales hay que saldarlas. Era mi momento y lo tomé con todas mis fuerzas para empezar desde mi libertad a crear una nueva realidad que me diera más independencia, sin apegos al pasado. Todo quedó atrás.

Aprendí que el poder del pensamiento y de la conexión honesta y genuina con la esencia de mi ser me hace diferente y me fortalece. Tomé conciencia de mi propia responsabilidad y empecé a cuidarme, a honrarme, a respetarme y a cuidar a los demás. Te digo que un pequeño gesto que contribuya con la paz, la integración de las razas, con el empoderamiento de la mujer, con la economía libre, la libertad de pensamiento, la igualdad de oportunidades y con la humanidad en general, puede hacer una gran diferencia en nuestras vidas y en la de otros.

Te cuento esto porque eventualmente esos cambios o tal vez otros llegarán a tu vida para trascender y dejar un legado, no en dinero, sino en acciones hacia tu prójimo. El estar en un puesto aventajado de emprender y crecer en el área que decidiste, ya es una oportunidad que muy pocos tienen. Dicha ventaja debe ser para bien y para impactar positivamente a otros.

Esto conlleva a la vez a tener una gran responsabilidad, porque cada acción tiene una consecuencia y afecta directa o indirectamente a otros y eso se convierte en una cadena para bien o para mal.

Tu compromiso contigo misma y con los demás marca la diferencia de cómo quieres llevar tu vida y como deseas ser parte de la historia bonita de la humanidad. Tus decisiones afectan, impactan y producen cambios propios y a terceros. Desde hoy quiero que tomes conciencia que todo suma para bien si lo haces desde el corazón.

La calidad de lo que ofrezcas a través de tu empresa, el buen trato y la cordialidad serán como un bálsamo para tus clientes y eso se te retribuirá en ganancia económica, en reconocimiento y en la mejor publicidad, la de boca en boca.

Tu vida ahora debe tener un significado y un propósito. Ahora tu vida es un "para qué" y no un "por qué". Este cambio lo elegiste tú desde tu necesidad y pasión y por ello debes honrarlo. Tu mejor aliado será tu pensamiento creativo, con capacidad de resolver a través de acciones contundentes que te permitan sortear los altibajos que todo emprendimiento trae consigo. No es fácil, pero tampoco es imposible. Eres tú con tus ideas y capacidades al máximo para obtener los resultados que has planificado y por los cuales has trabajado a diario.

Yo vine a este país a trabajar, no tengo herencia ni riquezas acumuladas. Lo que si tengo es un gran deseo de dejar un legado, de trascender como mujer latina en esta nación y en el mundo. Ese deseo me activa a diario cuando escribo para mi plataforma digital, cuando entrevisto a una personalidad hispana con una gran historia de éxito, cuando hago mis asesorías de comunicación corporativa y mercadeo o cuando participo en una conferencia.

Quiero que pienses desde ya como empresaria, como dueña, como creadora de tu nueva realidad y te conviertas en tu propia mentora y en la de otros. Las mujeres somos aliadas, no competencia y debemos tener la conciencia que el apoyo mutuo es la mejor herramienta que podemos tener.

El mayor sentido de pertenencia que puedes sentir dentro de esta sociedad es tu interacción entre tu propuesta de negocio y tu comunidad. Empieza a practicar tu nueva creencia sobre ti misma y alimenta tus nuevos pensamientos alineados con tus acciones creadoras. La práctica diaria te hace experta, recuérdalo.

Agradece la oportunidad de reinventarte. En mi caso en particular he desmitificado hasta la limitación de la edad. No hay edad para el emprendimiento femenino y menos en nosotras las latinas que siempre buscamos vernos y sentirnos jóvenes. Estamos llenas de energia y ánimo.

Te invito a estar del lado bueno de la humanidad, de las que aportamos y queremos el bien común de este maravilloso universo que nos ampara.

Antes de pasar al siguiente capítulo con su correspondiente ejercicio, escucha la música que te gusta y relájate un poco. En este momento eres dueña de tu tiempo.

¡Practica tu nueva realidad a diario y conviértete en una experta!

Capitulo VIII.

Emprender con éxito en USA

La intención seguido de la acción son determinantes para que los límites que impone la sociedad sean eliminados de tu fórmula de negocio. Lo que decides hacer ahora es válido y factible si activas toda tu energía y todos tus talentos para que ello suceda. ¡A ponerle intención y acción!

Tu tienes un compromiso personal con la búsqueda de tu felicidad a través de tu realización en el área que hayas decidido. No importa cual, lo que importa es que seas feliz y aportes a la sociedad desde tu espacio. Una nueva realidad te acompaña ahora.

Ejercicio # 9

Desde tu experiencia, en algún momento has estado en un rol como organizadora de un evento, sencillo o grande, pero tu has sido la cabeza principal. Tal vez has manejado un presupuesto y has dado forma a una idea. Imagina una fiesta de cumpleaños donde tu tienes que hacer todos los preparativos.

Venimos del ejercicio más largo y detallado como los costos. Ya sabes cuánto cuesta empezar tu negocio. Ahora vamos a armarlo paso a paso, como si fuera una fiesta. Es tu celebración como mujer empresaria con negocio propio e independiente lo que vas a organizar. Vaya fiesta.

9.a- ¿Cómo empezar? Concretamente y ya enfocada en la práctica y ejecución de tu negocio, enumera en orden, con lógica y mente empresarial cuáles son los pasos a seguir. ¿Qué es lo primero que vas a hacer? Tómate tu tiempo. Yo te acompaño.

_____
_____
_____
_____
_____
_____
_____
_____
_____
_____
_____
_____
_____
_____
_____
_____

_____
_____
_____
_____
_____
_____
_____
_____
_____
_____

¡Ya lo tienes!

Te felicito

Mujer Latina USA te felicito por haber llegado hasta aquí. Eres valiente y capaz. Eres creadora de tu proyecto. Esta guía práctica es tuya, tiene tu nombre y el de tu emprendimiento. Aquí está tu esencia plasmada a través de tu pasión por empezar a recorrer tu camino por el mundo empresarial independiente.

Me siento orgullosa de ti y eres una extensión de mi éxito como yo del tuyo. Ya estamos conectadas y somos aliadas. Somos parte de ese porcentaje de mujeres latinas que cada día crece más en este país y en otras latitudes donde llegamos llenas de intención y acción.

Las mujeres latinas inmigrantes tenemos grandes aspiraciones y somos capaces de formar parte activa de la economía de este país y de cualquier otro a donde lleguemos a través de inversiones y negocios individuales. Somos emprendedoras y no le tenemos miedo ni al trabajo ni a los nuevos retos. Una vez decididas y empoderadas, salimos con firmeza a lograr nuestras metas. Nuestro momento es ahora.

Ya tu decidiste empezar este viaje, ahora sigue buscando aliados para crecer y mantenerte en el tiempo. Recuerda, no hay prisa, poco a poco, de menos a más. Haz las cosas simples, claras, manejables y mantén tu brújula hacia el alcance de tus metas. El camino apenas empieza.

Las mujeres somos líderes e influyentes, juntas podemos hacer un gran impacto en nuestra sociedad y cambiar el pensamiento colectivo con respecto a las limitaciones de las mujeres y más si somos latinas. Representamos un avance en cuanto a las creencias sobre nuestra capacidad en el mundo empresarial, la autonomía financiera, el logro de metas y la edad para invertir. No hay límites. Lo estamos demostrando.

Hay una garantía de por vida: si tú vives con intención y pasas a la acción, todos los días vas a ser mejor y a dar lo mejor. La energía que empiezas a irradiar como empresaria, mujer de negocios empoderada, dueña de tu economía personal y libre, se alinea con la de otros y se abren puertas, aparecen nuevas y más oportunidades.

Ejercicio # 10

Ahora quiero que termines este viaje con una nueva definición de ti misma. Ya te has autotransformado, reconoce todos los días tu nueva existencia, valórate y ámate. Tienes un compromiso contigo misma, recuerda que tú eres tu mejor recurso y tus talentos te hacen manifestar tu esencia. No lo olvides.

Respira. Tómate tu tiempo. Tu eres importante para mí. Este trabajo que hemos hecho juntas me ha ayudado a crecer y a sentirme más comprometida con mi comunidad de mujeres latinas en los Estados Unidos.

Yo también ahora voy a escribir una nueva definición de mí. Ahora tú eres parte de ella como lo es este libro. El terminarlo pensando en cada una de ustedes, me hacho crecer en una nueva dimensión de mi ser y reafirmar mi compromiso y propósito de vida con el bienestar de la mujer latina fuera de su país de origen.

_____

_____

_____

_____

_____

En este momento quiero agradecerte profundamente, desde mi alma, por tu valor de tomar tu proyecto de vida con resolución, determinación, firmeza, seriedad, compromiso, sin dudas y sin miedos. Gracias por apasionarte y vibrar con la certeza de tu empoderamiento como ser total que emprende comprometida con sus objetivos, con su propósito de vida.

Espero que pronto pongas estas herramientas a funcionar y tomes acción lo más rápido posible, sin dudar. Juégatela a fondo en tu proyecto como empresaria independiente.

Suelta tu creatividad, alimenta tus fortalezas, alégrate por la oportunidad que tienes en este momento. No pierdas esta inspiración y sigue, busca, lucha y logra tu plenitud para que trasciendas y dejes un legado con tu ejemplo, con tu trabajo y abras caminos nuevos a las generaciones que vienen detrás. Reposa en Dios todos tus planes y Él obrará mucho con muy poco.

Quiero que sepas que mi agradecimiento es genuino porque tú me has inspirado, y porque en ti veo mi historia.

No temas a los riesgos, siempre van a estar allí, hagas o no hagas nada, no hay lugar libre de ellos. Recuerda que el deseo profundo que se covierte en pasión es el motor que moverá tu corazón y activará tus instintos para actuar y empezar convencida que estás en el camino hacia tu realización.

Empieza y persiste y si te equivocas, continua, no te paralices. Tienes tantas oportunidades como tu decidas darte. Todos los días el sol sale y brilla y así puedes contar cuantas veces vas a insistir y a permanecer en tu compromiso ajustando las fallas para continuar.

Agradece tu también este momento donde ya ves tu negocio plasmado en papel, dibujado, soñado y con todas las posibilidades de hacerlo tangible y darle vida. Ya hiciste una práctica que te hizo ver la realidad de tu emprendimiento, ya has disipado muchas interrogantes y ahora lo que te recomiendo es que empieces ¡YA! Hoy estás aquí, en este instante, no sabemos mañana, así que vive tu momento como mujer empresaria independiente.

Juntas lograremos impactar nuestros entornos con nuevos emprendimientos con propósito. Éxitos y muchas BENDICIONES.

¡GRACIAS ¡